24 Novembre 1884

99 P

VENTE

Pour cause de Départ de M. L.....

HOTEL DROUOT, SALLE N° 3

Le Lundi 24 Novembre 1884

A **2** HEURES

OBJETS D'ART

Meubles Anciens

BEAUX BRONZES LOUIS XIV

TABLEAUX ANCIENS

PORCELAINES — FAIENCES

LIVRES

EXPOSITION PUBLIQUE

Le Dimanche 23 Novembre 1884, de 1 h. 1/2 à 5 h.

Mᵉ **Robert LE SUEUR**, commissaire-priseur, 29, rue Le Peletier.

EXPERTS :

Pour les Objets d'art,	*Pour les Livres,*
M. F. JACOB	**M. MARTIN**
7, rue Drouot.	18, rue Séguier.

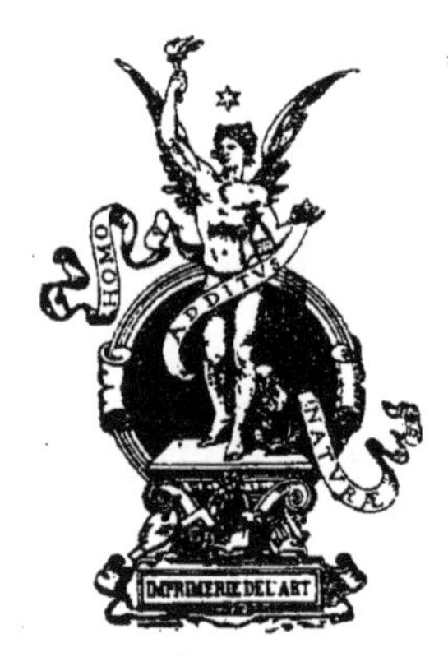
HOMO ADDITVS NATVRÆ
IMPRIMERIE DE L'ART

CONDITIONS DE LA VENTE

La vente aura lieu expressément au comptant.

Les acquéreurs payeront en sus des enchères *cinq pour cent* applicables aux frais.

L'exposition mettant le public à même de se rendre compte de l'état des objets, il ne sera admis aucune réclamation une fois l'adjudication prononcée.

AVIS

Les livres seront vendus au commencement de la vacation.

Paris. — Imp. de l'Art. E. Ménard et J. Augry
41, rue de la Victoire, 41

DÉSIGNATION DES OBJETS

MEUBLES

1 — Beau et grand meuble Louis XIII en
ébène; les deux portes sont ornées de médail-
lons sculptés ; l'intérieur du meuble, orné de
peintures et de marqueterie, forme cabinet à
tiroirs.

2 — Meuble hispano-mauresque orné de fers
dorés et formant cabinet à tiroirs à l'intérieur.

3 — Grand meuble Louis XIII à colonnes.

4 — Crédence en bois sculpté. Style Renais-
sance.

5 — Cabinet en écaille et incrustations d'ivoire,

avec sujets de personnages et ornements avec des colonnettes en relief.

6 — Meuble, dit *contador*, à tiroirs. Travail espagnol.

7 — Vitrine élevée sur pied en bois noir, écaille et ivoire.

8 — Très beau meuble-bibliothèque en poirier. à trois portes vitrées, orné de sculptures et de plaquettes en marbre.

9 — Petit bureau-pupitre Louis XVI, en acajou, formant écran.

10 — Petite table en peluche.

11 — Piano droit en palissandre, orné de bronzes.

12 — Tabouret de piano.

13 — Deux grands fauteuils en chêne sculpté.

14 — Ameublement de salon en palissandre et

damas de soie jaune, composé d'un canapé,
quatre fauteuils et quatre chaises.

15 — Deux fauteuils et deux chaises garnis en
étoffe à fleurs.

16 — Un canapé et deux fauteuils garnis en reps
vert.

17 — Table ronde en chêne sculpté.

18 — Six chaises en chêne sculpté.

19 — Deux chaises en bois doré, couvertes en
soie.

20 — Rideaux en damas de soie jaune.

21 — Deux fauteuils couverts en reps vert.

22 — Ameublement de chambre à coucher en
palissandre, composé de lit, armoire à glace,
commode et table de nuit.

TABLEAUX

BRAUWER

23 — *Le Buveur.*

BOILLY

24 — *Scène d'intérieur.*

CALAME
(Attribué à)

25 — *Paysage suisse.*

CHARDIN

26 — *La Laveuse.*

DUCHATEL

27 — *Intérieur d'un corps de garde.*

DE MARNE

28 — *Paysage avec personnages et cavalier.*

DECKER

29 — *Paysage avec pêcheurs.*

DOW
(École de G.)

30 — *La Marchande de poissons.*

TAUNAY

31 — *La Danse.*

GOYA

32 — *Nature morte.*

GOYA

33 — *Un Picador.*

HEMSKERK

34 — *Une Tabagie.*

KONNING
(PH. DE)

35 — *La Lettre.*

LACROIX
(GASTON)

36 — *Une Ferme.*

LELY

(Le Chevalier)

37 — *Portrait de femme.*

LELY

(Le Chevalier)

38 — *Portrait de femme.*

LELY

(Le Chevalier)

39 — *Portrait d'une jeune princesse.*

LEPICIÉ

40 — *Tête de jeune fille.*

Pastel rond.

LEPICIÉ

41 — Pendant du précédent.

LOOTEN

(J. DE)

42 — *Bords de rivière.*

MONNOYER

(BAPTISTE)

43 — *Fleurs.*

MONNOYER

(BAPTISTE)

44 — *Fleurs.*

MORGENSTEIN

45 — *Intérieur d'église.*

PALAMÈDE

46 — *Réunion de personnages.*

STEIGNER

47 — *Place de village.*

TAUNAY

48 — *Le Serment du Jeu de Paume.*

TENIERS
(DAVID)

49 — *Paysage, berger et animaux.*

TENIERS
(DAVID)

50 — *Paysage; clair de lune.*

VALIN

51 — *La Comparaison.*

VAN AKEN

52 — *La Mascarade.*

VAN CROSS

53 — *Paysage avec personnages.*

VAN DER MEULEN

54 — *Paysage avec cavaliers.*

VAN ECKOUT

55 — *Lucrèce.*

VELASQUEZ

(Attribué à)

56 — *Tête de moine.*

WATTEAU

(De Lille.)

57 — *Fête villageoise.*

WATTEAU

(De Lille.)

58 — Pendant du précédent.

BRONZES ANCIENS

1850- 59 — La Vénus au dauphin.
Statuette, époque Louis XIV.

1705- 60 — Bacchus jeune.
Statuette, époque Louis XIV.

805- 61 — La Vénus pudique.
Statuette, époque Louis XIV.

62 — Mercure (d'après Jean de Bologne.) Bronze du xvie siècle.

63 — Vidrecome en vermeil. Époque Louis XIII.

64 — Calice en cuivre doré du xve siècle.

BRONZES D'AMEUBLEMENT

65 — Pendule en bronze doré et marbre blanc à colonnes. Époque fin Louis XVI.

66 — Grande statuette d'Hébé en bronze, sur socle en marbre griotte. Signée Dumaige.

67 — Paire de beaux vases à anses en bronze, avec bas-relief sur socle en marbre griotte.

68 — Taureau en bronze. Signé Fratin.

69 — Paire de chenets en cuivre. Style Louis XIII.

70 — Pendule forme lyre, en bronze doré et marbre blanc.

71 — Paire de flambeaux en cuivre gravé. Style Louis XIV.

72 — Paire de flambeaux. Style Louis XV.

73 — Galerie de foyer en cuivre ajouré.

74 — Suspension de salle à manger en cuivre gravé.

75 — Cave à liqueurs en bronze doré.

76 — Deux lampes gros-bleu, monture bronze.

FAIENCES — PORCELAINES

77 — Plateau en porcelaine de Sèvres, pâte tendre.

78 — Coupe en faïence italienne. XVIᵉ siècle.

79 — Fontaine et son bassin, en faïence de Moustiers. Époque Louis XV.

80 — Assiette en Saxe, décor fleurs et insectes.

81 — Assiette en Delft, décor bleu.

82 — Plat ovale de la suite de Palissy : Suzanne et les vieillards.

83 — Deux plats en Delft, bleu sur blanc.

84 — Assiette en faïence de Strasbourg.

85 — Petit plat creux, faïence persane.

86 — Plat en Sinceny.

87 — Saladier, décor de châteaux.

88 — Plat, décor de Chinois.

89 — Grand plat à bords contournés, en faïence du Midi, décor rocaille avec jets d'eau.

90 — Cinq assiettes en Saxe, décor fleurs et insectes.

91 — Assiette en Delft, polychrome.

92 — Assiette creuse, ancienne faïence, décor au Chinois.

93 — Cinq assiettes Strasbourg, décor de fleurs.

94 — Assiette faïence, décor au Chinois.

95 — Assiette faïence, décor d'oiseaux.

96 — Trois assiettes, faïences diverses.

97 — Deux petits bols, porcelaine d'Imari.

98 — Pot à anse en faïence, décor bleu.

99 — Quatre pièces faïences, porcelaine, pots, moutardier, écritoire.

100 — Deux vases à anses en faïence, genre Palissy.

101 — Deux supports-consoles en terre peinte.

102 — Deux jardinières rondes laquées, décor de personnages.

TAPISSERIES

103 — Série de cinq tapisseries, jeux d'enfants.

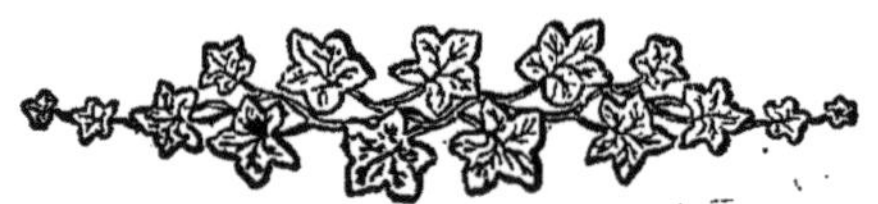

LIVRES

104 — Bibliothèque Elzévirienne. *Paris, Jannet et Daffis*, 1853-1870, 104 vol. in-12, demi-rel. maroq. rouge, coins, tête dorée.

105 — Œuvres diverses de Jules Janin, publiées sous la direction de A. de la Fizelière. *Paris, Jouaust*, 1876, 14 vol. in-12, demi-rel., mar. rouge, coins, tête dorée. *Eaux-fortes par Hédouin*.

106 — Roland furieux, traduit de l'Arioste par le comte de Tressan. *Paris*, 1822, 3 vol. in-8°, v. viol. *Figures de Colin*.

107 — Histoire du Consulat et de l'Empire. *Paris, Furne*, 1874, 21 vol. in-8°, demi-rel., v. fauve. *Fig.*

108 — Histoirē de la Révolution française, par
Thiers, 13ᵉ édition. *Paris, Furne*, 1870,
10 vol. in-8º, demi-rel., v. fauve. *Fig.*

109 — Œuvres de Victor Hugo. *Paris, Houssiaux*, 1857, 18 vol. in-8º, demi-rel., chag.
rouge. *Fig.*

110 — Mémoires complets et authentiques du
duc de Saint-Simon, publiés par Chéruel.
Paris, Hachette, 1856, 20 vol. in-8º, demi-
rel., chag. vert, tête dorée. *Fig.*

111 — Œuvres complètes de Alfred de Musset.
Paris, Charpentier, 1866, 10 vol. in-8º,
demi-rel., v. fauve. *Figures de Bida.*

112 — Œuvres complètes de Balzac. *Paris,
Houssiaux*, 1870, 20 vol. in-8º, demi-rel.,
v. fauve. *Fig.*

113 — Œuvres complètes de Voltaire. *Paris,
Furne*, 1836, 13 vol. gr. in-8º, demi-rel. *Fig.*

114 — Fables de Lafontaine. *Paris*, 1828, 2 vol.
in-8º, demi-rel. *Fig.*

115 — Les Caractères de La Bruyère. *Paris.
Lefèvre*, 1824, 2 vol. in-8º, demi-rel.

116 — Histoire de France, par Henri Martin.
Paris, Furne, 17 vol. in-8º, demi-rel., mar.
rouge. *Fig.*

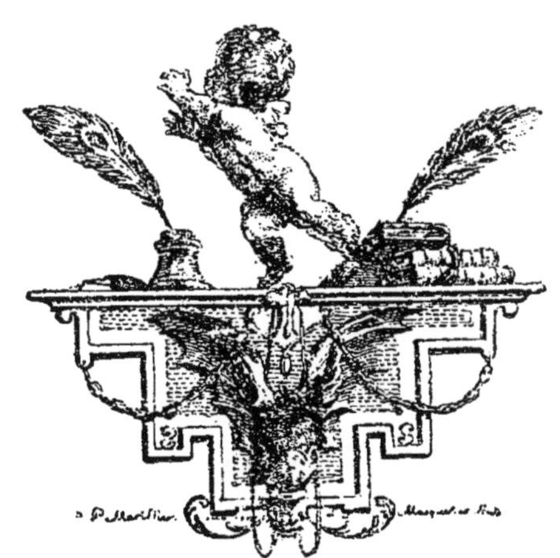

www.ingramcontent.com/pod-product-compliance
Ingram Content Group UK Ltd.
Pitfield, Milton Keynes, MK11 3LW, UK
UKHW022342170726
13837UKWH00005BA/2356